काव्य अमृत

MADHURINI

डॉ शिवकांत सिकरवार
योगेश अथर्व

यह काव्य संग्रह "काव्य अमृत" समर्पित है—

मेरे पूज्य पिता श्री रामलखन सिंह जी एवं मेरी मां श्रीमती रेखा सिकरवार जी को, जिनकी प्रेरणा, स्नेह, और संस्कारों ने मुझे शब्दों का सृजन करने की शक्ति दी।

उन सभी साहित्य प्रेमियों को, जिनकी सराहना और प्रेम मेरे लेखन को निरंतर ऊर्जा प्रदान करता है।

माँ सरस्वती के चरणों में, जिनकी कृपा से शब्दों को अर्थ और हृदय को भावनाओं की गहराई प्राप्त हुई।

समस्त पाठकों को, जो इस काव्य अमृत का रसपान कर मेरी भावनाओं को अपना मानेंगे।

✍ शिवकांत सिंह सिकरवार "पिपरौनियाँ"

क्रम-सूची

प्रस्तावना — ix

भूमिका — xi

पावती (स्वीकृति) — xiii

आमुख — xv

1. देशभक्ति और वीरता (राष्ट्र, शौर्य, बलिदान और संघर्ष की भावना से ओतप्रोत कविताएँ) — 1

"धड़"

क्षत्रिय धर्म धर्मो रक्षति रक्षितः

बाल योद्धा

गऊ रक्षा महायुद्ध

राष्ट्र पुत्र भगत

अजेय संकल्प

इंकलाब का सूरज

रणभेरी के नायक

अकबर Vs राणा

झाँसी की शौर्यगाथा

पाकिस्तान को संदेश

2. प्रेम भावना (प्रेम, रिश्तों और गहरी भावनाओं पर आधारित कविताएँ) — 29

क्यूं लगती इतनी भोली भाली हो?

कौन हो तुम?

"सच्चा प्रेम"

क्रम-सूची

तुम और मैं

अकेलापन

बिरह मिलन

मेरा अनुज

क्या कहूँ?

3. समाज, संस्कृति और प्रेरणा   47

।सफर।

योगेश्वर की मुस्कान

कर्मयोगी का संध्या समय

पिता पहेली जीवन की

तू शहर बड़ा अनबेला

नित्य निर्माण 1

नित्य निर्माण 2

संघर्ष कर

आओ बच्चों तुम्हें दिखाएँ झांकी स्टूडेंट की

देह दान

मेडिकल मस्ती

GT (सामूहिक अवकाश)

4. प्रकृति और जीवन दर्शन   73

चंबल

"माँ गंगा"

यमुना मैया

क्रम-सूची

नर्मदा महिमा

ओह! मधुर पवन मुझे रथ पर ले चल

लेखक परिचय   85

मेरी काव्य-यात्रा   87

मित्र   89

प्रस्तावना

प्राक्कथन

"कविता केवल शब्दों का संयोजन नहीं, यह हृदय की गहराइयों से निकली वह धारा है, जो भावनाओं, विचारों और अनुभूतियों को जीवंत कर देती है।"

"काव्य अमृत" मेरे हृदय की वही संचित भावना है, जिसे शब्दों के माध्यम से आपके समक्ष प्रस्तुत कर रहा हूँ। यह केवल कविताओं का संकलन नहीं, बल्कि एक यात्रा है–संघर्ष की, प्रेम की, राष्ट्रभक्ति की, प्रेरणा की और आत्मचिंतन की। इस संग्रह में मैंने अपने अनुभवों, समाज की सच्चाइयों, ऐतिहासिक प्रेरणाओं, और मानवीय संवेदनाओं को शब्दों में पिरोने का प्रयास किया है।

यह काव्य-संग्रह चार खंडों में विभाजित है, जिनमें वीरता, समाज, प्रकृति, और प्रेम भावनाओं को प्रमुखता दी गई है। प्रत्येक कविता किसी न किसी भावना की वाहक है–कहीं यह शौर्यगाथा कहती है, तो कहीं यह प्रेम की कोमलता को दर्शाती है; कहीं समाज के यथार्थ को उकेरती है, तो कहीं आत्मचिंतन के नए द्वार खोलती है।

यह संग्रह केवल मेरे शब्दों तक सीमित नहीं, बल्कि यह उन सभी पाठकों का भी है, जो कविता में जीवन की अनुभूति तलाशते हैं। यदि इन पंक्तियों में आपको प्रेरणा मिले, आत्मचिंतन का कोई नया दृष्टिकोण मिले या फिर भावनाओं की कोई नई अनुभूति मिले, तो यही इस काव्य संग्रह की सफलता होगी।

मैं आशा करता हूँ कि "काव्य अमृत" आपके हृदय तक पहुँचे और इसे पढ़ते समय आप भी इस भावनात्मक यात्रा का हिस्सा बनें।

शुभकामनाओं सहित,
✍ डॉ. शिवकांत सिकरवार

भूमिका

भूमिका - "काव्य अमृत"

कविता मन की गहराइयों से निकला हुआ वह अमृत है, जो शब्दों के माध्यम से हृदय तक पहुँचता है। यह संकलन "काव्य अमृत" केवल शब्दों का समूह नहीं, बल्कि भावनाओं, विचारों और अनुभूतियों का एक संगम है। इसमें प्रेम की मिठास, वीरता की गूँज, प्रकृति की कोमलता, जीवन के संघर्ष और आत्मचिंतन की गहराइयाँ समाहित हैं।

कवि के रूप में मेरी यात्रा भावनाओं की इस अभिव्यक्ति से शुरू हुई, जहाँ हर कविता मेरे भीतर के अनुभवों और समाज की झलक को समेटे हुए है। कभी यह शब्द क्रांति का शंखनाद करते हैं, तो कभी यह प्रेम और सौंदर्य की सरिता बनकर बहते हैं। कभी जीवन के दर्शन को उद्घाटित करते हैं, तो कभी आत्मा की पुकार को शब्द देते हैं।

इस संग्रह में विविध विषयों की कविताएँ हैं–देशभक्ति, सामाजिक सरोकार, आध्यात्मिकता, प्रेम, संघर्ष, और प्रेरणा। प्रत्येक कविता अपने आप में एक विचारधारा को प्रस्तुत करती है, जिसे पाठक अपने अनुभवों के साथ जोड़कर महसूस कर सकते हैं।

"काव्य अमृत" केवल मेरा नहीं, यह हर उस व्यक्ति का है, जिसने कभी जीवन को गहराई से अनुभव किया है। यह उनके लिए भी है जो शब्दों में शक्ति और भावनाओं की ताकत को महसूस करते हैं। आशा है कि यह संकलन आपके मन में विचारों के नए द्वार खोलेगा और आपको आत्मचिंतन करने के लिए प्रेरित करेगा।

"काव्य अमृत" आपके हृदय को भावनाओं की इस यात्रा में आमंत्रित करता है। आइए, इस रसधारा में डूबकर शब्दों के इस अमृत का स्वाद लें!

✍ डॉ. शिवकांत सिकरवार

पावती (स्वीकृति)

आभार

एक पुस्तक केवल लेखक के विचारों का संग्रह नहीं होती, बल्कि उसके निर्माण में कई व्यक्तियों का योगदान होता है। "काव्य अमृत" के इस संकलन को आकार देने में जिन महान व्यक्तियों का सहयोग और प्रेरणा मिली, उनके प्रति मैं हृदय से आभार व्यक्त करता हूँ।

सबसे पहले, मैं अपने प्रेरणा स्रोत गोस्वामी सर का विशेष आभार प्रकट करता हूँ, जिनकी शिक्षा और मार्गदर्शन ने मेरे विचारों को दिशा दी और मुझे इस पथ पर आगे बढ़ने के लिए प्रेरित किया।

मेरे साथी कवि अथर्व प्रजापति को भी हृदय से धन्यवाद, जिन्होंने अपनी रचनात्मकता और साहित्यिक संवाद से इस यात्रा को और अधिक सार्थक बनाया।

टाइपिंग सहायक डॉ. राकेश जी का भी मैं आभारी हूँ, जिन्होंने मेरी रचनाओं को सुव्यवस्थित करने में अमूल्य योगदान दिया।

अंत में, तकनीकी सहायक डॉ. ऋषभ, डॉ. प्रांजुल , डॉ. मयंक , डॉ.अभिषेक, डॉ. अमन, डॉ. शैलेन्द्र , डॉ. घनश्याम , डॉ. राहुल , डॉ.आदित्य , डॉ.रंजीत, डॉ. वैभव, डॉ कविश का भी धन्यवाद, जिनकी सहायता से इस पुस्तक को अंतिम स्वरूप देने में सरलता हुई।

रास्ता दिखाने के लिए धन्यवाद डॉक्टर विजय परमार सर और डॉक्टर शिवम दोहरे सर एवं अन्य शिक्षकों का भी ।

आप सभी के सहयोग और प्रेरणा के बिना यह संकलन संभव नहीं होता। यह काव्य संग्रह आप सभी को समर्पित है।

पावती (स्वीकृति)

शुभकामनाओं सहित,
‬ डॉ. शिवकांत सिकरवार

आमुख

आमुख (Foreword)

(काव्य संग्रह - "काव्य अमृत")

कविता केवल शब्दों का संकलन नहीं होती, बल्कि यह हृदय के भावों की अनूठी प्रस्तुति होती है। यह मन की गहराइयों से निकले विचारों का प्रवाह है, जो कभी प्रेम की मिठास घोलता है, तो कभी संघर्ष की आग में तपने का साहस देता है।

"काव्य अमृत" मेरा ऐसा ही एक प्रयास है, जिसमें जीवन के विविध रंगों को शब्दों के माध्यम से उकेरने की चेष्टा की गई है। इस संग्रह में प्रेम, विरह, राष्ट्रभक्ति, सामाजिक संवेदनाएँ और आध्यात्मिक विचार सभी का समावेश किया गया है।

इस काव्य संग्रह की प्रत्येक रचना पाठकों को उनके अपने जीवन के किसी न किसी पल से जोड़ने का कार्य करेगी। आशा है कि यह संकलन आपको काव्य के रस में डुबोने में सफल होगा और आपके मन-मस्तिष्क में अपनी एक विशिष्ट छाप छोड़ेगा।

इस पुस्तक को आपके समक्ष प्रस्तुत करते हुए मुझे अत्यंत हर्ष का अनुभव हो रहा है। यदि मेरी यह छोटी-सी साहित्यिक साधना आपके हृदय को स्पर्श कर सके, तो इसे मैं अपना सबसे बड़ा सौभाग्य मानूँगा।

सादर,

✍ शिवकांत सिकरवार "पिपरौनियाँ"

1. देशभक्ति और वीरता (राष्ट्र, शौर्य, बलिदान और संघर्ष की भावना से ओतप्रोत कविताएँ)

इस खंड में संकलित कविताएँ रणबाँकुरों के पराक्रम, बलिदान, और मातृभूमि के प्रति उनके अटूट समर्पण को शब्दों में पिरोती हैं। स्वतंत्रता संग्राम के अमर शहीदों से लेकर सीमाओं पर तैनात सैनिकों की गौरव गाथा, इन कविताओं में जीवंत होगी। यह केवल कविताओं का संकलन नहीं, बल्कि भारत माता के वीर सपूतों को अर्पित श्रद्धांजलि है।

इन पंक्तियों के माध्यम से, मैं अपने पाठकों के हृदय में देशभक्ति की लौ जलाने का प्रयास करता हूँ। आशा है कि यह खंड आपके हृदय में मातृभूमि के प्रति प्रेम और गर्व का भाव जागृत करेगा।

"जय हिंद! जय भारत!"

jai bhavani

jai shiva sarkar ki jai rana pratap ki

✍ शिवकांत सिकरवार "पिपरौनियाँ"

"धड़"

"जय भवानी" . "जय भवानी"

"धड़"

(सिर गर्दन से कटने के बाद का भाग)

दुश्मन देह से, धड़, धड़ा-धड़, धड़ धरापर!
धरते-धरते दीवार धड़ से धर गए !!

धर्म-शक्ति से धर्म-युद्ध में, धड़, धड़ो से धरा भर गए!
धर्मवीर, धर्मध्वजा का, धड़ों से ध्वजारोहण कर गए!!

धन-धन्य वो धड़ धन्य, धर्मधुरंधर धर्मवीर धन्य!
धन धन्य नहीं, धड़, धतूरा धर ध्रुव बन गए!!

हे धन्य तात, धन्य धन्य जिसने जन्म दिया वो मात धन्य!
जिसको छोड़ा ढोली में, वो महा धन्य!!

"मुंडकटे, रुण्ड लड़े, वो रजपूत कहलाए!"
"इतिहास उठाकर देखो तुम, सिंहों ने प्राण गंवाए"
"धर्मरक्षा खातिर चंडी के चरणों में कितनों ने शीश चढ़ाए!!"

- लेखक: शिवकांत सिकरवार पिपरोनियां

क्षत्रिय धर्म धर्मो रक्षति रक्षितः

जब भी देश धर्म पर संकट आया,
ठाकुर ने ना पीठ दिखाई, क्षत्रिय धर्म निभाया।

रणभूमि में रजपूतों ने रक्त-पिपासु तलवारों,भालों से,

बरछी, ढाल, कृपाण, कटारों से
अरि रक्त बहाया तेज तरारों से।

देश धर्म पर काली हरि घटा भई छाई,
रच रण, रजपूतों ने रामराज की सान बचाई।

जब तक रक्त रहा, प्राण रहे,
आज न जाने पाई।

ले अस्त्र-शस्त्र सहस्त्रों,
मुगलिया बलि चढ़ाई।

एक-एक ने, इक लख मुंडों की,
मां मुंड-माल पहनाई।

प्रकट समर भूमि में भई भवानी,
सिंह पियेगे और रक्त -
यह यह दुश्मन ने थी जान।

बादशाह, ठाकुर से हमको जान बचानी!
भागो-भागो, मच गई रण में -

"हमें न जान गंवानी!"

"न होना अमर, न वीर गति हमको पानी!"
मुगलों ने मृत्यु तांडव देख,
मौत अपनी पहचानी।

अल्लाह हू अकबर, मुल्ला अल्ला-अल्ला पुकार रहे,
रजपूत लड़ाके लड़ने को ललकार रहे।

सिंहों ने तानी छाती , चीते चीत्कार रहे,
हर हर महादेव! जय भवानी!
मौत के प्रीतम पुकार रहे।

शौर्य, शाका, जौहर, वीरता को दिखलाया,
हँसते-हँसते अग्नि-स्नान कर,
क्षत्राणियों ने मृत्यु-मिलन अपनाया।

जब भी देश धर्म पर संकट आया,
ठाकुर ने ना पीठ दिखाई, क्षत्रिय धर्म निभाया।

"रण रचाऐ हमने,हमने रजपूती मान ये तब पाया है,

लाखों शीश दान कर हमने हिंदुस्तान बचाया है"

~ शिवकांत सिंह सिकरवार

बाल योद्धा

मेरी चिरी थी छाती,
याद स्वजनों की आती और सताती।

मैं भी जा सकता था,
घुमड़ खावन मेले में,
भारत-भाग्य-विधाता था,
मैं नहीं पड़ा झमेले में।

मैं तत्पर था, मचली मतवाली,
मृत्यु गले लगाने को,
खींची केसरिया कटारे,
सुंदर शीश सुमन चढ़ने को।

रणधीर वीर ले शमशीर,
तीर चले धार धराने,
बांध कफन केसरिया,
बढ़ गए धर्म बचाने।

जान हथेली पर ले चले
गवाने भारत के बच्चे को,
बच्चा समझा,
उनको उनकी नानी याद दिलाने।

मेरे तन-मन में महाकाल हैं,
यह उनको समझाने।

सिंह चले, शत्रु को सबक सिखाने।

आओ देखो भारत के वीरों ने,
कैसे करी लड़ाई।
तन से कर तांडव,
मृत्यु साथ नचाई।

शीश धरे धरती पर,
धड़ से धरा जगाई।
अरि रक्त से रीति,
धरती की पल में प्यास बुझाई।

बरसों से भूखे, भूरे भंवरों की,
भूख मिटाई।
बच्चा कहने वालों को,
उनकी नानी याद दिलाई।

सात बरस साठ के बराबर हो जाएंगी,
कहूँगा ऐसी,
कि कही हर बात कहावत हो जाएगी।

अब देश प्रेम की कहानी,
हर दिल और दिमाग में,
उजागर हो जाएगी।

✍ ~ शिवकांत सिकरवार

गऊ रक्षा महायुद्ध

गर गऊ को गंदी नज़रों से देखा,
कुरुक्षेत्र में रजपूती रण रचाया जाएगा।

अर्जुन ,अभिमन्यु के पौत्रों का,
भुजबल दिखाया जाएगा।

फिर नाचेंगी नंगी तलवारें,
चेतक चीत्कारेंगे।
श्याम शंखनाद करेंगे,
समर भूमि में सिंह दहाड़ेंगे।

माँ की खातिर क्षत्रिय,
चंडी के चरणों में शीश चढ़ावेंगे।
रक्त की अंतिम बूंद लिए लड़ेंगे,
अंत में अभिमन्यु गति पावेंगे।

बन, भाव तार तरैया तारेंगे,
फिर गांडीव उठेगा,
पितामह, द्रोण, कर्ण, कौरव सब हारेंगे।

भाई हो या बैरी,
दुष्टों को केसरिया तलवारों से तारेंगे।
धनु खातिर, राम धनु से सबके शीश उतारेंगे।
बन रक्त भक्त, सर्वत्र शमशान बना देंगे।
हम गऊ-भक्त ठाकुर,

खूँ की नदी बहा देंगे।

ऊपर वाले को याद दिला देंगे,
नीचे से ऊपर तक सरकार हिला देंगे।

माँ, ज़रूरत पड़े याद करना,
तत्काल एक अपना, दस दुष्टों के शीश चढ़ा देंगे।

गाय हमारी माता है,
माँ की खातिर मरना-मारना हमको आता है।

"योगी, मोदी, लोधी जो भी सम्मान वही पाएगा,
सरकार वही बनेगी जो गऊ मांस नहीं खाएगा।"

✍ ~ शिवकांत सिकरवार

--

राष्ट्र पुत्र भगत

हँसते-हँसते फंदे पर झूला,
फंदा मेरी अर्धांगिनी, मैं फंदे का दूल्हा।

उठा हर सीने में बारूद बबूला,
गांधी रहते, बाल भगत क्यों फाँसी पर झूला?

न धरना धरा, न अनशन किया,
ऐ शांति के पिया,
हर दिल के कोने-कोने में क्रांति-ज्योति को जला दिया।

मात्र स्वतंत्रता खातिर, राष्ट्रपुत्र ने
फाँसी चुम्बन का मज़ा लिया।
उसकी कुर्बानी का कैसा उसको सिला दिया?

न चरखे से, न धरने से,
न त्रिमुखी बंदर की गुलामी करने से।
हिंद आज़ाद हुआ,
आज़ाद आत्मा जान हथेली पर धरने से,
वीर भगत, बोस, बिस्मिल, आज़ाद,
अशफाक के संघर्ष करने से!

हम कौन हैं?
क्यों इतिहास हम पर मौन है?

कोई कहता सनकी,
कोई आतंकी कह जाता है।
यह सुन स्वर्गीय शहीदों की आत्मा,
आँखों से आँसू बह जाता है।

वीर भगत की फाँसी का फंदा,
फूट-फूट कर रोता है।
आज़ाद आत्म का,
अल्फ्रेड में आज भी विचरण होता है।

✍ ~ शिवकांत सिकरवार

अजेय संकल्प

जब हारना ही मना हो तो जीतने की बारी कैसी?
बुझ गई हो आग तो उसमें ये चिंगारी कैसी?

डूब गया हो सूर्य तो क्या मिट गया है प्रखर तेज,
क्रांति की राह पर फिर ये सुनामी कैसी?

जो कभी मिट सकता नहीं वही तो सत्य है,
संघर्ष की राह पर फिर ये नादानी कैसी?

उठा शस्त्र और बदल दे इस भेष को,
फिर मिट जाएगा जोश तो ये जवानी कैसी?

✍ कवि ~ अथर्व "योगेश"

इंकलाब का सूरज

तुम क्रांति के निर्धारक हो,
और आज़ादी के शिलालेख।

तुमने युवाओं का नेतृत्व किया,
नया जोश नया उत्साह भर दिया,
मृत्यु का भय ना करो,
आज़ादी का यह संदेश दिया।

हँसकर गले लगाया फंदा,
ब्रिटिश राज को कर दिया अंधा।

रंग दे बसंती चोला गाकर,
मृत्यु का आह्वान किया,
इंकलाब का नारा देकर,
नए राष्ट्र का निर्माण किया।

तुम वीरों के परम तेज हो,
और क्रांति के महानायक,
तुम्हें भगतसिंह सब लोग कहे,
आज़ादी का व्योम कहे।

✑ अथर्व "योगेश"

रणभेरी के नायक

तू रणभेरी का चक्र सुदर्शन और गीता का उपदेशक,
कर्मयोग और योग साधना का तू ही है विश्लेषक।

पाप अहंकार और विषय वासना जिसका तू है विध्वंशक,
तू प्रकृति का खुला प्रांगण और वसुधा का निर्माणक।

चिंतन का साहित्य तू ही है, संगीत का अनुराग तू ही।
जीवन का पंच तत्व तू ही है, और उसका उद्देश्य तू ही।

कर्म क्रांति और कर्ता तू ही है, और उसका सारांश तू ही।।

✍ अथर्व "योगेश"

अकबर Vs राणा

"जय भवानी" अकबर Vs राणा "जय भवानी"

Who was Great

जिसने औरत, बच्चे, बूढ़ों को न बच्छा, वो वीर नहीं कायर है!
जिसने राणा की जय न बोली, उससे अच्छा डायर है!!
जिसने निहत्थों पर वार किया, वो रजपूती शान नहीं!
जिसने गढ़ में असहायों को मारा, वो अकबर महान नहीं!!

क्या गलती थी दुर्गावती की, बिन नृप प्रजा पली थी!
जाकर पूछो अकबर से क्यों, गढ़ मंडला पर वार किया
क्यों असहायों पर इतना अत्याचार किया!!

क्या गलती थी, राणा की हल्दी घाटी में!
या गलत था, जीना आज़ादी की माटी में!!
कायरता से उसने ऊपर वार किया!
खुद की छाती में वार नहीं, रजपूतों को आड़ लिया!!
कैसे महान कहूँ, उसने इतना अत्याचार किया!!

कट गए सर शेरों के धड़, धड़ाधड़ लड़ते रहे!
भूलकर दर्द अपनों के, सिंह तांडव करते रहे!!
तलवार के वार-बार पर, दुश्मन धड़ाधड़ मार-मारकर!
लहू से इतिहास रचते रहे !

चामुण्डा को मुण्ड माल पहनाकर!!
स्वर्ण अक्षरों से सजते गए !

वीर गति पाने की, हर एक की इच्छा रहती थी!
दस को मार के जाने की, हर एक की प्रतिज्ञा रहती थी!!

कूटनीति से उसने, भाई-भाई को मार दिया!
कायर आया नहीं समर भूमि में, बैठा-बैठा राज किया!!
अकबर जीता, राणा हारे–बात ज्यादा टिकी नहीं !

कौन कहता–
फिर राणा अकबर की तलवार खिंची नहीं !
राणा के रजपूती रँण बाँकुरों की छाती,
मुगलों के मुल्कों से मिली नहीं!!

जाकर दिवेर भूमि, राणा ने युद्ध बिगुल बजाया!
धोखे से हतियाए किलों को, फिर वापस उसने पाया!!
बीस साल घास ने पाला, क्या वो राणा महान नहीं!
जिसने प्रजा को गुलामी न दिखाई, क्या वो नृप देव समान
नहीं!!
जिसने धोखे पे धोखे किए, वो अकबर ईमानदार नहीं !

अर्ध भारत का लोभ भी, राणा के निश्चय को न हिला पाया!

स्वाभिमान से सौदा साध, भारत राज का संसय भी न पाला
मरते-मरते मर गए, गुलामी न स्वीकार किया

अकबर ने सेना भेज-भेज, राणा पे बार-बार पे बार किया!!
राणा ने रजपूती तलवारों से!

भालों से, बरछी, ढाल, कृपाण, कटारों से!!

एक-एक को, एक-एक से
एक-एक कर करके, स्वर्ग सिधार दिया!

कायर अत्याचारी को, कैसे महान जान लिया!
धर्मरक्षक राणा को, क्यों न महान मान लिया!!

घावों में पीव भर गई,
धोखे से मृत्यु शेर के प्राण हर गई!
पवित्र अग्नि में, पवित्र देह जर गई!!

उनकी अभिलाषा उनके साथ ही चली गई!
चित्तौड़ दुबारा राजपूती राजधानी बनी नही!!

उनकी अमर कहानी, लोगों को याद जुबानी थी!
जब लगता था जयकारा, भाले में प्रकट होत मात भवानी थी!!

मृत्यु पर अकबर ने भी शोक संदेशा भेजा!

वाह! शेर-ए-हिन्द, तेग से भी तेज़!!

ऐसा वीर–बलवान, प्रजापालक राणा महान!
हुआ न होगा मान न मान!!

अगर साथ अपन होते,
खुदा कसम–सम्राट संसार के बने होते!
आज हम भी पछताते हैं,
मृत्यु पर उन शेरों की मौन व्रत मनाते हैं।

महाराणा प्रताप की......

लेखक–शिवकांत (प्रताप)
सिंह सिकरवार "पिपरौनियाँ"
पिता–श्री रामलखन सिंह

झाँसी की शौर्यगाथा

✍ शिवकांत सिकरवार

मंद-मंद मन में मनु मुस्काई।
नित्य नाना संग तलवार खूब चलाई।
लक्ष्मीबाई झाँसी को बारिश दे न पाई।
गंगाधर मरते ही अंग्रेजी आफत आई।

किला करो खाली, डलहौजी ने चिट्ठी भिजवाई।
रानी ने "जय जगदंब भवानी" की ललकार लगाई।
दल-बल से दुश्मन ने झाँसी पर करी चढ़ाई।
झाँसी खातिर झाँसी वाली ने लंबी लड़ी लड़ाई।

दृश्य देख दुश्मन सेना घबराई।
बच्चों और महिलाओं से हमने मुँह की खाई।
विशाल सेना किला भेद न पाई।
गद्दार दुलाजू ने शत्रु सेना प्रवेश कराई।

काना-मुंदर सखियों ने अमर शहीदी पाई।
झाँसी खातिर झाँसी वाली ने लंबी लड़ी लड़ाई।

झाँसी की रणभूमि

कड़क व बिजली, तोपें गरजें,
मुँह से आग व गोलें बरसें।
बरसों प्यासे बरछी-भाले,
खून को तरसें।

मस्जिद में अंग्रेजों ने सेना ठहराई,
बंद हुई अग्नि-बारिश,
दुश्मन सेना में खुशियाँ छाईं।

खान ने मस्जिद भी बचाई,
इज्ज़त भी बचाई।
देकर जान-जानी,
दुश्मन को धूल चटाई।

तोप संग फटे फट,
वीरगति सपूत ने पाई।
संग्राम में सुंदर मोती,
झलकारी ने भी जान गँवाई।

झाँसी खातिर झाँसी वाली ने
लंबी लड़ी लड़ाई।

झाँसी की रणगाथा

मुख्य द्वार पर कर्मा ने,
गोली अनगिनत खाई।
देकर अपनी जान,
ज़ख़्मी ने जान अनेक बचाई।

स्वयं किला देता है गँवाई,
कर्मा ने लंबी लड़ी लड़ाई।

सुदृढ़, सुंदर, कला समंदर,
भारती क्षत्राणी ने छलांग लगाई।
देव उतारे आरती–
"जय भवानी! जय शिवाजी!
जय माँ भारती!
जय मोरोपंत लाडली!
जय मोरोपंत लाडली!"

घोड़ा पवन से तेज पवन था उसका,
न धरती, पथ, गगन था उसका।
सम चेतक, चाल-चलन था उसका,
टाप स्वर "शाँय-शाँय, शनन-शनन" था उसका।

झाँसी की अंतिम रणगाथा

ग्वालियर वीरांगना ने,
विजय पताका लहराई।
अंग्रेजी सेना मनी-ही-मन,
डरी, सहमी, घबराई।

चूड़ी वाली नरम कलाई,
रोद्र रूप में आई।
झाँसी खातिर झाँसी वाली ने,
लंबी लड़ी लड़ाई।

नाला बना समंदर,
उस पर मौत मिलन को आई।
दुश्मन देह न छूने पाई,
इच्छा यही जताई।

गंगादास ने रानी को,
गंगाजल पिलाई।
अग्नि-दाह कर,
अपनी बात निभाई।
शिवाकांत ने अपने शब्दों में कथा बताई,
झांसी खातिर झांसी वाली ने लंबी लड़ी लड़ाई।

✍ शिवकांत सिकरवार

पाकिस्तान को संदेश

मर जाएँगे हम फिर भी यह जंग बरकरार रहेगी,
हर जवां की ज़िंदगी देश के नाम रहेगी।
दुश्मनों की टोलियाँ न हमसे टकराएँगी,
हम हैं माँ भारती के सपूत,
गोलियाँ भी विफल हो जाएँगी।

कर सकेंगी न कुछ तोपें,
मिसाइलें भी न पास आएँगी।
दुश्मनों की फौजें पैरों को चाट जाएँगी,
चाहे मिल लो चीन से, चाहे इज़राइल से,
भारत नहीं डरता तुम्हारी टकराहट से।
आग हैं हम, भूचाल हैं हम,
इस देश के वीर जवान हैं हम।

घर में घुसकर हमने तुमको मारा है,
छिपने के लिए जगह नहीं छोड़ी,
ऐसा मातम मचाया है।

तेरी छाती पे बैठकर आतंक मिटाया है,
जो आया सामने, उसे मौत की नींद सुलाया है।
अड्डे सारे खत्म किए,
चार सौ चवालीस आतंकियों को जन्नत भाया है।
बचा नहीं एक भी दुश्मन,
सब को देकर चुनौती,

हमने अभिनंदन को लौटाया है।

भारत देश महान, महान, इस देश के वीर जवान।
औकात नहीं तेरी युद्ध की, कसले तीर-कमान।
कर लेते शांति संधि हम,
अगर सीने की पीठ पर आतंक की खंजर नहीं होते,
तुम्हारी इंसानियत के टायर पंक्चर नहीं होते।

✐ शिवकांत सिकरवार "पिपरौनियाँ"

class_ 8th

--

2. प्रेम भावना (प्रेम, रिश्तों और गहरी भावनाओं पर आधारित कविताएँ)

प्रेम केवल एक भावना नहीं, बल्कि मन और आत्मा का अनूठा संगम है। यह हृदय के गहरे कोनों से निकलकर शब्दों में ढलता है और कविताओं का रूप लेता है। "काव्य अमृत" के इस खंड में प्रेम के विभिन्न रूपों–चाहे वह रोमांटिक हो, आध्यात्मिक हो, या स्नेह और अपनत्व से भरा हो–को सजीव किया गया है।

इन कविताओं में प्रेम की मिठास, विछोह की वेदना, मिलन का उल्लास, और आत्मीयता की गहराई समाई हुई है। यह खंड उन पाठकों को समर्पित है, जो प्रेम को केवल शब्दों में नहीं, बल्कि दिल की धड़कनों में महसूस करते हैं।

"प्रेम वह नहीं जो केवल शब्दों में हो,
प्रेम वह है जो आँखों में उतरकर आत्मा को छू जाए।"

इस काव्य संग्रह के माध्यम से प्रेम की कोमलता, तीव्रता और उसकी अनंतता को पाठकों तक पहुँचाने का प्रयास किया गया है। आशा है कि यह कविताएँ आपके हृदय को प्रेम के मधुर स्पंदन से भर देंगी।

✍ शिवकांत सिकरवार "पिपरौनियाँ"

क्यूं लगती इतनी भोली भाली हो?

।। क्यूं लगती इतनी भोली भाली हो?।।

क्यूं लगती इतनी भोली भाली हो,
क्यूं चमकते चांद बराबर प्यारी हो?
क्यूं रेशम से बालों वाली हो,
क्यूं लटकी लटें मस्त हवा मतवाली हो?

क्यूं नैनों को तारों सा चमकाती हो,
क्यूं लगता गालों पर उदित उदय सी लाली हो?
क्यूं गुलाब की कोमल कलियां दांतों से दबाती हो,
क्यूं प्यारे प्यारे ओठों पे इतना कहर बरसाती हो?
क्यूं लगती इतनी भोली भाली हो?

क्यूं लगता गोरी हरदम गज़ल सुनाती हो,
क्यूं इतनी मीठी बोली बाली हो?
क्यूं मोहिनी माधव सी मुस्काती हो,
क्यूं रानी राज हंसी में छुपाती हो?

क्यूं चंचल पटक चाल चली आती हो,
क्यूं खुशी-खुशी मैं खेल नया रच जाती हो?
क्यूं गोलू गुस्से में भी लगती गजब निराली हो,
क्यूं सुंदरी सब विश्व सुंदरियों पर भारी हो?
क्यूं लगती इतनी भोली भाली हो?

क्यूं कानों में कनन कुंडल डाली हो,
क्यूं हाथों में कंगन छोड़ घड़ी पहनने लागी हो?
क्यूं लगती इतनी भोली भाली हो,
क्यूं चमकते चांद बराबर प्यारी हो?

क्यूं शर्म से सिहर-सिहर जाती हो,
क्यूं मन ही मन हंसती हो, बतलाती हो?
क्यूं हरदम दिल की धड़कन को छुपाती हो,
क्यूं मुझसे नजरें चुराकर मुस्काती हो?

क्यूं फूलों से कोमल बातें करती हो,
क्यूं हवा से भी मस्ती में लड़ती हो?
क्यूं नदी की धारा बनके बहती हो,
क्यूं सावन की बदली सी छाई रहती हो?

? प्रेम का सुंदर संदेश ?

प्रेम करो कृष्ण और राधा सा,
राधा कृष्ण बिन, कृष्ण राधा बिन,
रहे अधूरा और आधा सा।
संसार प्रेम की बाधा है, बाधा था।

~ शिवकांत सिकरवार

कौन हो तुम?

तुम जीवन की गहराई हो,
या अतीत की तुम परछाई हो।

आँखों की निदिया हो तुम,
या हो मन का उन्मुक्त विचार।

तुम सूरज की प्रथम किरण हो,
या चंदा की मधुर यामिनी।

तुम कुंजों की कुसुम कामिनी,
या हो स्वर की मधुर रागिनी,

कौन हो तुम ??

✍ अथर्व "योगेश"

"सच्चा प्रेम"

मौसम आया रिमझिम बारिश वाला,
चाँदनी ढली, अँधेरा छाया काला-काला।
खुशी-खुशी साहिल संदेशा लेकर आया,
ना मैं भूला, ना तूने मुझे भुलाया।

चाँद सा तूने चेहरा पाया,
चाँद भी देख उसे शरमाया।
फिर चाँदनी ढली, अँधेरा छाया काला-काला,
ना मैं भूला, ना तूने मुझे भुलाया।

मेहंदी में लिखा, मुझे और मिटाया,
मैंने, तूने, किसने जाती, धर्म बनाया?
किस मोड़ पर किस्मत ने हमें मिलाया,
ना मैं भूला, ना तूने मुझे भुलाया।

मंदिर, मस्जिद, गुरुद्वारा, गिरजाघर जाकर,
अगले जनम में मैं तुझे माँग कर आया।
फिर चाँदनी ढली, अँधेरा छाया काला-काला,
ना मैं भूला, ना तूने मुझे भुलाया।

"अमर है प्रेम हमारा, इंतजार करेंगे बरसों यारा,
ना मिल सके इस जन्म में, लेंगे जन्म दोबारा।"

- सच्चे प्रेम की अमर कहानी ♥

☙ डॉ. शिवकांत सिकरवार

तुम और मैं

तुम रत्न दीप की रूप शिखा,
मैं उज्जवल वन का उपवन हूँ।

तुम नदियों की पावन धारा,
मैं झरने का अमृत सा हूँ।

तुम पर्वत की ऊँची श्रेणी,
मैं छोटा सा प्रायदीप हूँ।

तुम अंबर की दिव्य परी,
मैं वसुंधरा का सौंदर्य सा हूँ।

तुम गीता की तितिक्षा हो,
मैं उसका युद्ध स्वरूप सा हूँ।

तुम जीवन का उद्देश्य सी हो,
मैं उसका प्रयास सा हूँ।

✍ अथर्व "योगेश"

अकेलापन

सपने सारे रिक्त हो गए,
अजनाने सब मित्र हो गए,
हम सबसे विरक्त हो गए।

कभी बैठ गए पेड़ों के नीचे,
छाया के हम मित्र हो गए।

चलो नई शुरुआत करें,
चिंतन, मनन, विचार करें,
जीवन का उद्देश्य खोज लें,
नव जागृति, नव चेतना, नव निर्माण करें।

✍ अथर्व "योगेश"

बिरह मिलन

? बिरह मिलन ❤

जानते हैं जान, जान,
जानती हो तुम सब जान के ही,
जान, जान लुटाने हम आए हैं।

दिल में है दर्द, दर्द, दर्द,
सारे भूल कर ,जग से है जंग कर,
जान, जानम बनाने हम आए हैं।

मस्त मगन मुस्कान है सनम,
साथ दो तो जिंदगी में स्वर्ग सजाने हम आए हैं।
गगन, चमन, साहिल, सुमन, सुखदीप,
जिंदगी में जगमग जलाने सब आए हैं।

बरसों से बरसे नैन ये
हैं तरसे, तरसते नैनों की तड़प मिटाने हम आए हैं।
अधरों से माथा मिला,
सातों जनमों का साथ निभाने हम आए हैं।

उड़ी-उड़ी नींद मेरी,
गोद में पूरी तेरी करने-कराने हम आए हैं।
शुभ-शुभ सपने सजाए सब हमने,
बाहों में भरकर बताने अब आए हैं।

सरस्वती मंदिर-सी सारी शरारतें,
कॉलेज में याद दिलाने हम आए हैं।
कितने गुलाब तोड़े, कितना गुलाल घोले,
किसने पटाखे फोड़े, लिखने-लिखाने हम आए हैं।

पान रसीला वाला, स्वाद रंगीला,
चखने-चखाने हम आए हैं।
याद में तेरी लिखी कविताएँ मेरी,
सुर में गोरी गवाने हम आए हैं।

"नज़रों के तीरों को निशाना मिल गया,
तुमसे नज़रें मिलीं, लगा ज़माना मिल गया।
मुस्कुराते हुए मरने का बहाना मिल गया,
मिले मन हमें, प्रेमिका तुम्हें दीवाना मिल गया।"

✍ ~ शिवकांत सिकरवार

मेरा अनुज

कई वर्षों तक दूर रहे हम,
मेल-जोल को वक्त न था,
दूरी बढ़ गई, प्रेम बढ़ गया,
अब तुझसा कोई और न था।

तुम हृदय के उस कोने में,
जहाँ कोई न आ-जा सका,
तुम मेरी वह अमित भावना,
जिसको मैं कह न सका।

पता नहीं आगे क्या होगा?
इसका कुछ न अनुमान लगा।
व्यर्थ भविष्य में क्यों डूबें,
हम वर्तमान का रस पी लें,

जो होगा, वह होगी संगीत की धुन,
या होगी भौंरों की गुन-गुन।
तुम जीवन के रहस्य बनो,
लाखों लोगों के उद्देश्य बनो।

तुम बनो क्रांति की वह चिंगारी,
जिसके कदमों में दुनिया सारी।
या बन जाओ उन्मुक्त पवन,
जिसे रोक न सके मधुवन की धुन।

✍ अथर्व "योगेश"

क्या कहूँ?

तुझे राग कहूँ या व्देश कहूँ,
या जीवन का उद्देश्य कहूँ।

तुझे जीत कहूँ या हार कहूँ,
या अपना ये संस्कार कहूँ।

तुझे सूर्य कहूँ या चंद्र कहूँ,
या धरा व्योम का भाल कहूँ।

तुझे बिंदु कहूँ या सिन्धु कहूँ,
या अपना किंतु परंतु कहूँ।

क्या कहूँ? क्या ना कहूँ?
तू सचित्र है तो तुझे मित्र कहूँ।

✍ अथर्व "योगेश"

3. समाज, संस्कृति और प्रेरणा

संस्कृति केवल रीति-रिवाजों और परंपराओं तक सीमित नहीं, बल्कि यह हमारी पहचान, आदर्शों और जीवन मूल्यों का प्रतिबिंब है। यह हमें अपनी जड़ों से जोड़ती है और आत्मिक संतुलन प्रदान करती है। इस खंड में संकलित कविताएँ भारतीय संस्कृति की गरिमा, सभ्यता की उत्कृष्टता और नैतिक मूल्यों को उजागर करती हैं। साथ ही, यह खंड प्रेरणा और आत्मबल के स्रोत के रूप में कार्य करता है, जो संघर्षों से जूझने, आगे बढ़ने और अपने लक्ष्य को पाने की शक्ति प्रदान करता है। यह कविताएँ पाठकों को आत्मचिंतन, मनोबल और सकारात्मकता की ओर प्रेरित करेंगी, जिससे वे अपनी संस्कृति को आत्मसात करते हुए जीवन में नई ऊँचाइयों को छू सकें।

✍ शिवकांत सिकरवार "पिपरौनियाँ"

।सफर।

पशु से परमेश्वर तक का सफर
आलस्य त्याग कर कर्म करने का काल प्रखर,
पग कोमल, कंकड़-कांटे भरी डगर।
त्यागना होगा सुख सोम का, पीना पड़ेगा भी जहर।
मात, तात, मित्र, भ्रात भूल; भूलना भी होगा घर।
मुख मोड़ना पड़ेगा मन, मोहिनी से;
मन जाएगा विरह से भर।
आया रे आया, कर्म करने का काल प्रखर।

सफर का साथी मिलेगा, ना मिलेगा कोई हमसफर।
डगर में डराने वाले मिलेंगे, चलना दिल में धीर धर।
"तुमसे ना होगा" बताने वाले मिलेंगे,
मगर बढ़ना दृढ़ संकल्प कर।
राह से भटकाने वाले मिलेंगे, बचना – ये है एक भ्रमर।
आया रे आया, कर्म करने का काल प्रखर।

मिलेंगी चुनौतियां रूप विकराल धर,
समस्याएं अपना विस्तार कर।
चंचल चाची चुगली चुवती, नाचेगी नैनों पे चढ़।
देखो आ गया, कर्म करने का काल प्रखर।

जो सफलताओं का ना खिला चमन,
नम नैनों से न नैन मिला पाओगे;

कोई करेगा गर नमन।
धर ध्यान धनु धारी का, धीरज न खोना,
निभा कर्तव्य, पुनः कर्म बीज बोना।
वक्त लगता है कुछ बड़ा करने में,
मानव से मोहन रूप धरने में।
ना भूलो, वर्ष 14 लगे राम से प्रभु राम बनने में।

"जान जगदीश ने डाल दी,
मात-पिता ने पाल दी,
रणभूमि में रक्षक ने रक्षा की,
असमय आए काल से डॉक्टर ने सुरक्षा दी।"

~ शिवकांत सिकरवार

योगेश्वर की मुस्कान

रणभूमि में क्रंदन उठता है,
शस्त्रों से नभ धधक रहा।
किन्तु एक अधर पर हँसता है,
यह कौन दीपक जगमगा?

न्याय-अन्याय की इस रेखा पर,
सबका मन चंचल डोले।
पर वो स्मित रेखा स्थिर क्यों है?
क्या यह कुछ रहस्य बोले?

अर्जुन पूछे– "माधव! कहो ना,
क्या तुमको पीड़ा होती नहीं?"
कृष्ण हँसें– "जो सत्य देखे,
वो भला विचलित होता कहीं?"

"यह रण भी माया का पट है,
धर्म यहाँ बस अभिनय मात्र।
मैं तो केवल सारथी हूँ,
मुझमें क्या है राग-विराग?"

"सृष्टि जब से अस्तित्व में आई,
मेरा यह युग-युग का खेल।
जो हँस दे रण के शोर में भी,
उसका क्या फिर सुख या मेल?"

"मैं योगेश्वर, मैं रणधीर,
मेरा बस कर्तव्य अधीर।
जब तक मानव मोह से जागे,
तब तक मेरा हास गंभीर।"

✍ अथर्व प्रजापति

कर्मयोगी का संध्या समय

सूरज ढलने को है लेकिन,
मन अब भी गतिमान खड़ा है।
दिनभर की हर हलचल साक्षी,
ध्यान कहीं निर्वाण पड़ा है।

पग में थकन, पर श्रम से तृप्ति,
नयनों में कुछ स्वप्न नए।
हाथों में फिर भी शेष कर्म,
नियति कहे– "अब रुको न हे!"

अंधकार कहता विश्राम करो,
शीतल पवन कहे– "अब ठहरो!"
पर हृदय में दीप जले हैं,
"नव प्रभात तक तुम न बिखरो!"

कर्मपथ के इस राही को,
नींद नहीं विश्राम नहीं।
हर रजनी बस साधना उसकी,
जीवन में अविराम सही।

जो श्रम में ही शांति समझे,
जो थककर भी रुके नहीं।
जिसके लिए ही दिन, रजनी,
वही कर्मयोगी झुंके नहीं।

"जब तक जीवन, तब तक यज्ञ,
यह संध्या भी मेरी साधना।
न रात्रि रोक सके पथ मेरा,
न थके कभी मेरी भावना!"

✍ अथर्व "योगेश"

पिता पहेली जीवन की

पिता पहेली जीवन की,
जिसको ना सुलझा सका कोई,
त्यागों का साहित्य समाया,
घर को सुंदर स्वर्ग बनाया।

घर छोड़ दिया घर ही की खातिर,
और चला गया कमाने को बाहर,
तेज धूप, तूफान, झंझावात
चाहे जैसी हो कठिन परिस्थिति,
रोज़ कमाने दिहाड़ी जाता,
परिवार का पालन पोषण करता।

भगवान नहीं देखे मैंने
पर देख लिया वह दिव्य रूप,
जो परिवार का पोषण करता
उसमें है भगवान का स्वरूप।

✍ अथर्व "योगेश"

तू शहर बड़ा अनबेला

पानी पर कागज की नाव बना,

बिखरे सपनों को जोड़ दिखा,

कितनों का तूने पेट भरा,

भटकों को तूने राह दिखा,

माया का तूने जाल बुना,

तू शहर बड़ा अनबेला।

छोड़ गाँव सब शहर आ गए,

रिश्ते-नाते तोड़ जा रहे,

ऐसा क्या मुझमें है भला?

तू शहर बड़ा अनबेला।

मन प्रफुल्लित, आनंदमय हो जाता,

काश! कोई अब शहर न जाता,

अब शहर न जाए तो बने नहीं,

अपनी आगो को चले नहीं,

हम उलझन में पड़े क्यों,

और अपनी पर अड़े क्यों,

प्रकृति यह खेल निराला,

जहाँ जाए अपनी मधुशाला।

✍ अथर्व "योगेश"

नित्य निर्माण 1

तुम जीवन के अंग व्यंग,
नित्य रहो तुम संग संग।

दिशाहीन ना हो प्रिय बंधु,
अचल हिमालय या हो सिन्धु,
अडिग रहो तुम अपने पथ पर,
ना देखो तुम पीछे मुड़कर।

तुम जीवन के रंगमंच हो,
और अभिनय के आविर्भाव,
क्रांति-शांति तुम्हारे अंदर,
नित्य नया निर्माण करो,

लक्ष्य बिंदु को केंद्र बनाकर,
जीवन का उद्धार करो।

✍ अथर्व "योगेश"

नित्य निर्माण 2

जीवन की भट्टी में तपकर,
स्वर्ण सदृश निखरता हूँ,
हर दिन नव निर्माण कर,
मैं फिर से रोज़ सँवरता हूँ।

संकल्पों की लौ में जलकर,
तम को रोज़ हराता हूँ,
बिखरे सपनों को जोड़,
आशा का दीप जलाता हूँ।

जो बीत गया, वह सीख बनी,
मैं अग्निपथ चलता हूँ,
गिर-गिर कर उठता जाता,
हर क्षण नित्य बदलता हूँ।

✍ अथर्व "योगेश"

संघर्ष कर

कर्मभूमि पर कर्म कर,
या रंगमंच पर अभिनय,
संघर्ष कर, संघर्ष कर!

सिद्ध करो तुम काम,
छोड़ो यह आराम।
जल्दी ही वह दिन आयेगा,

जिस दिन तू फल पाएगा,
तितिक्षा के पनघट पर उषा से मिल पाएगा।
तोड़ बेड़ियाँ परंपरा की, आगे जा संघर्ष कर,
संघर्ष कर, संघर्ष कर!

युद्धस्व को स्वीकार कर,
अपने लक्ष्य पर वार कर,
जीवन का उद्धार कर,
संघर्ष कर, संघर्ष कर।

✍ अथर्व "योगेश"

आओ बच्चों तुम्हें दिखाएँ झांकी स्टूडेंट की

आओ बच्चों तुम्हें दिखाएँ झांकी स्टूडेंट की

आओ बच्चों तुम्हें दिखाएँ,
झांकी स्टूडेंट की,
महक निकलती
इनके कपड़ों से अंग्रेजी सेंट की।

गंद फेंकना, तेल डालकर,
तिरछी माँग निकाली है।
हाथ में दो-चार कॉपियाँ,
मुँह में सिगरेट लगाली है।

थैला लेकर चले सड़क पर,
चाल अजब मतवाली है।
जूता पहना पॉलिश वाला,
किलिच खड़ी है पैंट की।

आओ बच्चों तुम्हें दिखाएँ,
झांकी स्टूडेंट की।

नित्य सबेरे मात-पिता,
उसे नमस्ते करते हैं,
गर्म-गर्म चाय का प्याला लाकर,

उसका स्वागत करते हैं।

रगड़-रगड़ कर क्रीम पाउडर,
वह चमकाता गालों को।
टाई चमकती रेयनवाली,
"हंड्रेड वन परसेंट" की।

आओ बच्चों तुम्हें दिखाएँ,
जहाँ के स्टूडेंट की।

~प्रेरणा स्रोत गोस्वामी सर पहाड़गढ़

देह दान

दिया देह दान
धर दधीचि का ध्यान।
घर-बार हमने छोड़ दिया,
दुनिया से नाता तोड़ लिया।

मुर्दा न हमको समझो,
बस जान हमसे निकाली है;
जज़्बात अभी ज़िंदा हैं,
याद हमने रख ली है।

सीख लो और समझो,
ये देह अब तुम्हारी है।
मुर्दा न हमको समझो,
बस जान हमसे निकाली है।

विद्रोह धर्म से किया,
रिवाज से मुख मोड़ लिया।
जलने या गड़ने की जगह,
त्या है स्वीकार किया।

मुर्दा न हमको समझो,
बस जान हमसे निकाली है।

होगा न दर्द हमको,
तुम हमसे न ही डरना।

गुरु ज्ञान दे रहा है,
समझो, समाज भला करना।

हर अंग, आंख, आत, अंत –
सब कुछ निकाल लेना।
दिल में है दिव्य देवता,
उसको न रुला देना।

भोली है, मासूम है,
हम न रहे, उसको न मालूम है।
पूछे जो क्या है हो रहा,
उपचार बता देना।

दिल में है दिलरुबा,
उसको न रुला देना।

✍ ~ शिवकांत सिकरवार

मेडिकल मस्ती

मेडिकल मस्ती

कर गर्दन नीचे चल, चाल मिला,
खेलेंगे हम, तू ताली की ताल मिला।
कर विश, फिर जाम पिला,
हो जाए मद, मस्त, मगन, मन,
मुजरा देशी डांस का मज़ा दिला।
कर गर्दन नीचे चल, चाल मिला।

न चटक-मटक, न खटक-खटक,
काले जूते, सफ़ेद शर्ट,
चुन्नीदार पतलून सिला।
मस्त रवैया, कहना न भईया,
अकड़ सारी घर ही भुला,
कर गर्दन नीचे चल, चाल मिला।

बाल न हाथ में पकड़े जाए,
मूँछ न हमको दिखने पाए,
उठा जिलेट गार्ड डेली क्लीन सेव बना,
कर गर्दन नीचे चल, चाल मिला।

करना है स्वागत कैसे,
ये भी सिखलाएंगे।
नज़रें नीचे, थर्ड बटन,
सकल न तुमको दिखलाएंगे।

गाली वक़्ते जाएंगे,
बोल न कुछ तुम पाएंगे।
कुछ भी पूछें, "सॉरी" बोलो,
जवाब ना तुमसे चाहेंगे।
कर गर्दन नीचे चल, चाल मिला।
खेलेंगे हम, तू ताली की ताल मिला।

"मंगल भवन अमंगल हारी,
गलती से भी नज़र मिलाली,
आफ़त तूने खुद की बुलाली।
गर मेडिकल आईडी भुलादी,
तस्वीर पर तेरी तूने माला चढ़ाली।"

✍ ~ शिवकांत सिकरवार

GT (सामूहिक अवकाश)

GT (सामूहिक अवकाश)

ज़िंदगी में जब बढ़ जाए ग़म,
साथी मिलकर घर को चलें हम।
बढ़ गई ठंडी, आए त्योहार,
छुट्टी को तरसें सारे यार।
जीएफ की शादी बुलाए प्यार,
अब तो GT कर दो यार।

मौसम आया रिमझिम बारिश वाला,
ताल तलैया, नदी नकुले, झरनों वाला।
शाम सलोनी, सावन झूला,
मिलकर करते हैं पुकार -
अब तो GT कर दो यार।

तेज उजाला, गर्मी वाला,
होली का संदेसा साथ लाया।
लाल, गुलाबी, पीले रंग में,
रंगने प्रीतम ने बुलाया।

तीखी, नमकीन, मीठी मिठाई,
गुजिया खाने को मन ललचाया।
देखो फिर मौका आया, GT वाला।

आई दिवाली, खुशियाँ लाईं,
देती पटाखों की गूंज सुनाई।
मिल अवधपुरी, पल चल दो भाई,
यह GT रामलला ने करवाई।

डॉक्टरों की भी अजब जिंदगी है,
छुट्टी हमारी बैरिन भई है।
छाती मरीजों का भार सही है,
बुद्धि GT भी कर ना सकी है।

✍ ~ शिवकांत सिकरवार

4. प्रकृति और जीवन दर्शन

प्रकृति केवल चारों ओर फैली हरियाली या नदियों की कलकल ध्वनि नहीं, बल्कि जीवन का आधार और आध्यात्मिक ऊर्जा का स्रोत है। यह हमें न केवल शांति और संतुलन प्रदान करती है, बल्कि जीवन के गहरे रहस्यों को समझने का अवसर भी देती है। इस खंड में संकलित कविताएँ प्रकृति की सुंदरता, उसकी सहजता और उससे मिलने वाली प्रेरणा को उजागर करती हैं।

इसी प्रकार, जीवन दर्शन हमें यह सिखाता है कि हर अनुभव, हर संघर्ष और हर सफलता का अपना एक अर्थ होता है। यह कविताएँ मनुष्य के अस्तित्व, आत्मचिंतन और जीवन की वास्तविकता को दर्शाती हैं। आशा है कि ये पंक्तियाँ पाठकों के मन में प्रकृति के प्रति प्रेम और जीवन की सच्ची अनुभूति को जागृत करेंगी।

✍ शिवकांत सिकरवार "पिपरौनियाँ"

चंबल

चंबल नहीं चाहती चमकती चांदनी रात हो,
चंबल तो चाहती घनघोर काली रात को।
चंबल नहीं चाहती प्यार की बरसात हो,
चंबल बुझाना चाहती रक्त की पियास को।

चंबल नहीं चाहती कोमल काया, सुंदर तन को,
चंबल चाहती बज्र समान बदन को।
चंबल नहीं चाहती प्रेम की पुकार को,
चंबल चाहती मौत की ललकार को।

चंबल नहीं चाहती कमल-गुलाब को,
चंबल चाहती करील-कांटों की झाड़ को।
चंबल नहीं चाहती संगीत की मिठास हो,
चंबल बस चाहती गालियों से शुरुआत हो।

चंबल नहीं चाहती तबले की टंकार को,
चंबल बस चाहती गोलियों की गुंजार को।
चंबल नहीं चाहती सुनना शांति के राग को,
चंबल जगाना जानती विद्रोह की आग को।

चंबल नहीं चाहती सुख-समृद्धि की बहार को,
चंबल चाहती बीहड़ों में बागियों की दहाड़ को।
चंबल नहीं चाहती धुआंधार दुग्ध धार हो,
चंबल चाहती जल रक्त-सा लाल हो।

चंबल नहीं चाहती कायरों की औलाद को,
चंबल रचना जानती सिंह-सी फौलाद को।
चंबल नहीं चाहती युद्ध में विराम हो,
चंबल चाहती भारती पर बलिदान हो।

चंबल नहीं चाहती स्वाभिमान की हार हो,
चंबल चाहती अटल-बिस्मिल की जय-जयकार हो।
चंबल नहीं चाहती गद्दारों की फौज को,
चंबल चाहती दोस्ती में दम तोड़ने की दौड़ हो।

चंबल नहीं चाहती बिखरे उसके अंग हों,
चंबल बस चाहती भिंड, मुरैना, ग्वालियर संग हो।

चंबल की चाहतें बहुत बड़ी हैं,
लहरें इसकी आशाएँ लिए खड़ी हैं।
अब कहानियाँ इसने नई गढ़ी हैं,
बहरवी, फेल आई.पी.एस., टॉपर सी.ए. जैसी कई कड़ी हैं।
? फौजी सरताज, कोहिनूर बनकर जड़ी है।

डॉक्टर-इंजीनियर की सजी कतार है,
चंबल के सपनों की यह नई मिसाल है।

✍ ~ शिवकांत सिकरवार

"माँ गंगा"

चलो गंग गमन करन को,
पाप पुण्य को जतन करन को,
हरी सुमिरन मनन करन को,
पंडा पुजारी प्रभु को नमन करन को।

चलो भई, गंग गमन करन को,
स्वर्गिनी को अर्पित पुष्प सुमन करन को,
अधर्म कलियुग को पतन करन को,
धर्म धुरी पे ध्वजा धारण को।

हरी में तन मन मगन करन को,
दुख क्लेश को क्षरण करन को,
चलो सखि, गंग गमन करन को,
पाप पुण्य को जतन करन को।

चलें तीनों मित्र त्रिवेणी पे स्नान करन को,
कुंभ लगो है त्रास-कष्ट को हरन करन को।
दुखिया दुनिया आई अमृत पान करन को,
शिव समाज साधु-संत को गुणगान करन को।
चलो प्रिय मित्र, चले गंग गमन करन को।

लेटे हनुमानजी नि ते राम-राम करन को,
अक्षय बट पे प्राण प्रिय ते प्रणाम करन को,
सरस्वती कूप में दुर्लभ दर्शन धाम करन को,
पातालपुरी में भरी जेब को आराम करन को।

चलो मित्र, गंग गमन , कुंभ स्नान करन को।

विज्ञान भी जाकी शक्तिनि ते हारो है,
हजार साल में भी कीड़ा न पड़ने बारो है।

~शिवकांत सिकरवार

यमुना मैया

यमुना मैया

काली-काली यमुना दुलारी,
यम कौं यमुना प्राणनि प्यारी।

जात-पात ना करती,
सवनि की प्यास बुझाती।
छड़ विश्राम बिन,
बहती जाती।

पुरान कथा इनके गुण गाती,
राधा सखी संग,
डुबकी लगती नाती।
श्याम चीर हरण करते,
श्याम शिक्षा पातीं।

रास रचाने श्याम संग,
मधुबन आती।
बंसी बनवारी की मधुर धुन,
यहीं सुनाती।

कदम डाल पर मोर,
पपिया, कोयल गुनगुन गाती।
इनसे मिल लो,
श्याम से यही मिलाती।

ब्रज धाम में इनकी महिमा न्यारी,
करते परिक्रमा जग के नर और नारी।

✍ ~ शिवकांत सिकरवार

नर्मदा महिमा

डाल-डाल पर फूल गुलाबी महके ,
पल-पल पर पक्षी चहके।

कल-कल करते झरने बहते,
कड़ कड़ में शिवजी रहते।

सुंदर-सुंदर घाट महेश्वर जैसे ,
कर कर पूजा करती मात अहिल्या वैसे।

पुरान नर्मदा के, हर कंकड़ को शंकर कहते।

✍ ~ शिवकांत सिकरवार

ओह! मधुर पवन मुझे रथ पर ले चल

नन्हें सपनों में पंख लगा,
मुझको अंबर की सैर करा,
ओह मधुर पवन मुझे रथ पर ले चल।

अंबर में दिखती दिव्य परी,
अद्भुत है उनकी चमक खरी,
उनका मुझको सौंदर्य दिखा,
ओह मधुर पवन मुझे रथ पर ले चल।

सूरज की लाली मुझे दिखा,
भौरों की गुन-गुन मुझे सुना,
फूलों की कलियों से मिलवा,
ओह मधुर पवन मुझे रथ पर ले चल।

जीवन का उद्देश्य बता,
अपना अंतिम उपदेश बता,
ओह मधुर पवन मुझे रथ पर ले चल।

✍ अथर्व "योगेश"

लेखक परिचय

डॉ. शिवकांत सिकरवार

age 18

MBBS 1st year student GMC ratlam

डॉ. शिवकांत सिकरवार एक संवेदनशील कवि, विचारक और समाजसेवी हैं, जिनकी रचनाएँ देशभक्ति, समाज, संस्कृति, प्रेम और आध्यात्मिकता के गहरे भावों को अभिव्यक्त करती हैं। उनके लेखन में न केवल शब्दों की मधुरता है, बल्कि भावनाओं की गहराई और विचारों की प्रखरता भी देखने को मिलती है।

मूल रूप से ग्राम - पिपरौनिया, जिला - मुरैना, मध्य प्रदेश, भारत के निवासी, डॉ.शिवकांत सिकरवार चिकित्सा क्षेत्र में उच्च शिक्षा प्राप्त कर रहे है। उन्होंने कक्षा 5वीं से ही लेखन की शुरुआत की, और तब से कविता उनके जीवन का एक अभिन्न हिस्सा बन गई। बचपन से ही उनकी रुचि साहित्य में थी, जो धीरे-धीरे एक सशक्त अभिव्यक्ति का रूप लेती गई।

"काव्य अमृत" उनका एक विशिष्ट काव्य संग्रह है, जिसमें समाज, राष्ट्रभक्ति, प्रेम, संघर्ष और आत्मचिंतन से जुड़ी रचनाएँ संकलित हैं। यह काव्य-संग्रह उनकी गहरी संवेदनशीलता और विचारशीलता को दर्शाता है, जो पाठकों को प्रेरित और प्रभावित करने की क्षमता रखता है।

उनका मानना है कि कविता केवल मनोरंजन का साधन नहीं, बल्कि समाज और व्यक्ति के भीतर जागरूकता और परिवर्तन लाने का एक सशक्त माध्यम है। उनके लेखन में यह प्रतिबिंबित होता है कि साहित्य केवल शब्दों का खेल नहीं, बल्कि यह जीवन को दिशा देने वाली रोशनी भी है।

अन्य रुचियाँ और योगदान

डॉ. शिवकांत सिकरवार साहित्य और चिकित्सा के क्षेत्र में समान रूप से सक्रिय हैं। वे सामाजिक गतिविधियों में भी भाग लेते हैं और समाज में सकारात्मक बदलाव लाने के लिए काव्य और साहित्य को एक प्रभावी माध्यम के रूप में अपनाते हैं।

संपर्क

YouTube: बाल कवि शिवकांत

Instagram: @SHIVKANT_SIKARWAR

मेरी काव्य-यात्रा

संग्रह - "काव्य अमृत"

काव्य केवल शब्दों का मेल नहीं, बल्कि मन की गहराइयों में उठने वाले विचारों और भावनाओं की अभिव्यक्ति है। मेरी यह यात्रा बचपन से ही शुरू हो गई थी, जब मैंने पहली बार पाँचवीं कक्षा में शब्दों को कविता का रूप दिया। सबसे पहले मेरी कविताओं में जो चीज़ मेरे मार्गदर्शकों को दिखी, वह थी भावनाओं की सहजता और विचारों की गहराई। मेरे शिक्षकों, परिजनों और मित्रों ने मेरी लेखनी में एक विशेष आकर्षण महसूस किया, जिससे मेरी साहित्यिक अभिरुचि और भी प्रबल हो गई। धीरे-धीरे कविताएँ मेरे मन की भावनाओं को व्यक्त करने का सबसे प्रभावी माध्यम बन गईं।

समय के साथ, मैंने अपनी कविताओं को स्वयं पढ़ने, संशोधित करने और सुधारने की कला सीखी। मुझे उन्हें सुनाने में आनंद आने लगा, और जो लोग सुनते, वे भी उनमें डूब जाते। इस तरह, मेरे शब्दों ने केवल पृष्ठों तक सीमित रहने के बजाय, सुनने वालों के हृदय तक पहुँचने का सफर शुरू किया। अनेक बार मैंने इस संकलन को प्रकाशित करने का विचार किया, लेकिन परिस्थितियाँ अनुकूल नहीं रहीं और यह सपना अधूरा रह गया।

अब, जब मैं कॉलेज में हूँ, मेरे पास संसाधन हैं, समय है, और सबसे महत्वपूर्ण, साहित्य के प्रति अटूट प्रेम है। इसीलिए मैंने अपने इस संग्रह "काव्य अमृत" को प्रकाशित करने का संकल्प लिया। यह यात्रा केवल लेखन तक सीमित नहीं थी, बल्कि मैंने रात-रातभर जागकर अपनी रचनाओं को टाइप किया, संशोधित किया, और इस संकलन को तैयार किया। इस पूरी प्रक्रिया के

दौरान, मैंने प्रकाशन, डिज़ाइन और अन्य सभी कार्य भी किए।

इस कठिन यात्रा में विचारों और शब्दों का अपार समर्थन मिला आत्मविश्वास और साहित्य के प्रति समर्पण ने मुझे आगे बढ़ने की प्रेरणा दी।

इस पूरे सफर में जिन सहयोगियों ने थोड़ा भी सहयोग दिया है, मैं उनसभी को हृदय से धन्यवाद देता हूँ। आपके समर्थन और प्रेरणा ने मुझे "काव्य अमृत" को साकार करने का आत्मबल दिया। यह केवल मेरा नहीं, बल्कि उन सभी साहित्य प्रेमियों का संग्रह है, जो शब्दों की शक्ति में विश्वास रखते हैं।

✍ शिवकांत सिकरवार "पिपरौनियाँ"

मित्र

आओ,

ढूँढें खुद को हम।

अ: अंशु, अभय, अभिषेक, अमित, आदर्श, आकाश, आलोक, अजय, अतुल, अनिल।

द: दिव्यांश, दीपक, दीपांशु, दीपराज।

र: राकेश, राजेश, राजीव, राजवीर, रविंद्र, रक्षक, रुद्र, रोहित, राहुल।

स: सनी, सौरव, संदीप, संस्कार, सूरज, सुमित, शिवा।

प: पवन, पिंटू, प्रिंस।

क: कृपेंद्र, कृष्णा।

ग: गिर्राज, गोविंद।

म: मयंक, मनीषराज, मुनेंद्र।

व: विकास, विशु, व्योम।

आपका नाम ____________________

✍ ~ शिवकांत सिकरवार

मित्र

मित्र